인지건강 증진을 위한

두뇌 훈련

탑클래스 두뇌발전소

탑클래스 두뇌발전소는 심신의학을 바탕으로 현대인들의 각종 두뇌 질환 및 건강한 두뇌 개발에 도움이 되고자 유튜브 채널 '탑클래스 두뇌발전소'를 운영하고 있다. 기억력, 집중력, 관찰력, 판단력, 언어능력 등 다양한 분야의 두뇌 훈련을 위한 두뇌 게임을 비롯하여, 명상을 통한 두뇌 휴식법, 알면 도움 되는 유익한 건강 정보 등 약 1000개의 영상을 업로드하며 활동 중이다. 고령화 시대에 세계적으로 사회적 문제가 되고 있는 치매를 예방하기 위해, 두뇌 훈련 후 두뇌 휴식을 병행하는 프로그램을 고안하여, 따라 하면 누구나 스스로 치매를 예방할 수 있도록 하고 있다. 6만 명을 바라보는 구독자와 누적 조회 2100만 뷰를 넘기며, 더 많은 이들에게 바른 두뇌 건강법을 전달하기 위해 열정으로 노력하는 중이다. 즐거운 마음의 강력한 치유력을 믿는 탑클래스 두뇌발전소는 앞으로도 많은 이들이 즐거운 마음으로 치매 없는 삶을 영위할 수 있도록 최선을 다할 것이다.

▶ 탑클래스
두뇌발전소
유튜브

대한치매협회

2016년 8월 네이버 밴드 '치매이야기'로 출발하여 치매로부터 자유로운 세상, 치매가 있어도 불편하지 않은 세상, 행복하고 존엄한 노년이 보장되는 세상을 만들고자 2019년 1월 대한치매협회를 정식 발족하였다. 가르치고 배우면서 서로 성장한다는 교학상장(敎學相長)을 모토로 치매아카데미, 역량강화학교, 치매예방학교, 치매전문학교, 웰에이징학교, 웰다잉학교, 장기요양학교, 시니어비즈니스학교, 특별양성학교, 디지털역량강화학교, 심리상담학교, 치매예방마술, 역사인문학교실, 독서클럽, 연구분과, 자격과정 등의 각종 프로그램을 운영하였다. 치매 환자와 가족이 안심하고 살아갈 수 있는 인적·물적 환경을 조성하여 지역사회돌봄(커뮤니티케어)을 구축하고자 치매와 고령사회에 대한 양질의 정보를 제공하고 있으며, 온/오프라인 교육 및 학술 활동을 통한 치매 전문인력 양성, 배움과 나눔을 통한 치매에 대한 올바른 이해와 치매 인식개선 활동, 회원 간/기관 간/지역 간의 네트워크 강화와 활성화, 치매예방·치매돌봄·치매치료에 대한 비의료적 개입의 연구개발 및 보급에 적극적으로 임하고 있다.

치매이야기(고령사회) 밴드   http://band.us/@dementia
대한치매협회 홈페이지   http://www.dementia.kr
채널 모음   https://linktr.ee/k_dementia

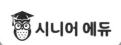
시니어 에듀

인지건강 증진_을 위한

두뇌 훈련

탑클래스 두뇌발전소·대한치매협회 공저

③

가을편

동양북스

요즘 주변을 돌아보면, 단순 건망증에도 '혹시 내가 치매는 아닐까?' 염려하는 사람들이 많습니다. 자연스러운 노화 현상인 기억력 감퇴나 신체 기능 저하일 수 있음에도 미리 걱정하고 두려워하는 이유는, 치매가 아직 발병 원인조차 명확히 밝혀지지 않은, 완치할 수 없는 병이기 때문입니다. 이는 치매 예방의 중요성이 강조되는 이유이기도 합니다.

치매를 예방하고 건강하게 두뇌를 발전시키기 위해서는 꾸준한 훈련을 통해 두뇌 세포를 활성화하고, 바른 휴식법으로 두뇌 능력을 강화하는 것이 중요합니다. 그리고 이러한 훈련에 앞서 무엇보다 중요한 것은, 하루하루 건강하게 변화하는 두뇌를 생각하며 즐거운 마음으로 훈련과 휴식에 임하는 것입니다. 이러한 즐거운 마음가짐은, 언제 나에게 올지 모를 치매에 대비하기 위해 노력한다는 마음가짐보다 훨씬 강력한 치유 효과를 발휘합니다.

이 책은 치매 예방의 핵심이 되는 두 가지, 두뇌 훈련(게임)과 두뇌 휴식(명상)을 중점으로 구성하여 두뇌 강화 효과가 극대화될 수 있도록 하였습니다.

첫 번째, 25가지 재밌는 두뇌 게임으로 이루어진 두뇌 훈련은, 반복과 집중을 통해 뇌에 건강한 자극을 줌으로써 신경세포의 기능을 향상하고, 세포 간 연결망인 시냅스를 활성화합니다. 기억력, 집중력, 관찰력, 판단력, 언어 능력, 계산 능력 등 인지 능력이 재밌는 게임을 하는 동안 체계적으로 발달할 수 있도록 구성하였습니다. 아름다운 색상의 예쁜 그림들로 이루어진 게임을 꾸준히 하다 보면 마음이 밝아지고, 힐링 되어 두뇌 건강 증진에 많은 도움이 됩니다.

두 번째, 쉬어가기 코너에 구성된 명언 명상으로 두뇌 휴식을 하면, 두뇌 훈련의 효과를 최대화할 수 있습니다. 처음 명상을 접하는 분도 천천히 순서대로 따라 하며 5분이라도 꾸준히 실천하면, 두뇌 휴식의 효과를 볼 수 있습니다. 출렁이는 물결이 잦아들면 고요해진 물속이 깨끗이 보이듯, 바른 휴식을 통해 잡념이 쉬어지면 두뇌의 모든 능력은 저절로 향상됩니다.

교재는 매월 1권, 총 12권으로 이루어져 있습니다. 봄, 여름, 가을, 겨울, 계절별로 두뇌 훈련 프로그램이 마무리될 수 있도록 구성하여, 성취감을 느끼며 두뇌 훈련을 지속할 수 있습니다. 총 25종류의 두뇌 게임과 추가적인 부가 활동이 수록되어 있어, 재밌게 게임을 하다 보면 자연스럽게 다방면의 인지 능력을 고루 향상하고, 한층 더 강화할 수 있습니다. 한 권의 책 안에서 난이도 조절을 통해 효율적으로 두뇌 능력을 개선할 수 있도록 유의하였습니다.

　　탑클래스 두뇌발전소는 두뇌 건강의 근본이 되는 심리적 치유와 함께 효과적으로 두뇌 능력을 향상하는 방법들을 모색하고, 연구해 오고 있습니다. 두뇌 게임을 통한 두뇌 훈련 후 휴식(명상)을 함으로써 두뇌 강화 효과를 극대화하는 프로그램을 고안하는 등 지속적인 연구를 거듭하며 치매 예방 및 모든 연령대의 두뇌 개발에 도움이 되길 바라는 마음을 담아 유튜브 채널 '탑클래스 두뇌발전소'를 운영하고 있습니다.

　　이 책을 작업하며, 치매로부터 자유로운 세상이 되길 바라는 희망을 나눌 수 있어 뜻깊고, 보람된 시간이었습니다. 좋은 기회를 제안해 주신 대한치매협회 조범훈 회장님과 협회 강사님들께 감사드리며, 이 교재의 출간이 많은 분들께 치매 없이 건강하고, 심신의 행복이 충만한 삶의 초석이 될 수 있기를 바랍니다.

탑클래스 두뇌발전소

이제 우리나라는 노인 1천만 명, 치매 환자 1백만 명 시대를 맞이하고 있습니다. 2000년 고령화 사회(aging society: 7%)에서 2017년 고령사회(aged society: 14%)를 거쳐, 이제 초고령사회(super aged society: 20%)에 진입했습니다.

고령화에 따라 많아지고 있는 치매는 뇌의 인지기능에 문제가 발생하는 대표적인 질환이라고 할 수 있습니다. 치매는 여러 가지 다양한 원인으로 뇌기능이 손상되어 후천적으로 인지력에 문제가 생기는 질환입니다. 노년에 가장 두려워하는 질환이 치매라고 합니다.

인간에게 가장 중요한 기능 중 하나는 '인지(認知, cognition) 능력'이라고 할 수 있습니다. 사람에 따라서 조금씩 다를 수는 있겠지만 나이가 들어감에 따라 인지기능은 노화과정과 더불어 점차 감퇴하는 경향이 있습니다.

인지력 저하가 되지 않도록 예방하는 것이 무엇보다 중요하며, 만약 치매에 걸렸다면 진행 속도를 최대한 늦추는 것이 필요합니다. 이를 위해서는 적극적이고 꾸준한 두뇌 활동을 해야 합니다. 용불용설(用不用說), 뇌는 자극하고 사용하면 사용할수록 더 건강해질 수 있기 때문입니다.

치매가 진단되어 어려움을 겪는 어르신들은 물론, 인지기능이 약해지신 분들, 건강한 어르신들의 평소 꾸준하고 적극적인 두뇌 활동을 통해 뇌의 예비용량을 키워두면 인지 건강을 유지, 향상할 수 있습니다.

본 교재는 舊노년뿐만 아니라 베이비부머 등 新노년의 눈높이에 맞는 세련되고 신세대적 감각의 디자인으로 춘하추동, 봄/여름/가을/겨울 4계절을 주제로 하는 내용과 그림으로 구성하였습니다.

치매로부터 자유로운 세상, 치매가 있어도 불편하지 않은 세상, 행복하고 존엄한 노년이 보장되는 세상이 되기를 희망합니다.

대한치매협회 회장 / 치매이야기 대표
조범훈 사회복지학 박사

차례

1주

교재와 함께 즐기는
〈탑클래스 두뇌발전소〉 유튜브 두뇌 건강 게임

지각력과 집중력을 높이는
다른 그림 찾기

시공간 능력과 관찰력을 향상시키는
숨은 그림 찾기

🌰 <u>안녕하세요! 저는 오늘 즐거운 두뇌 훈련을 하러 가는 중이랍니다.</u>

지금 몇 시인가요?

당신은 오늘 몇 시에 일어나셨나요?

지금 시각 ＿＿＿＿＿ 시 ＿＿＿＿＿ 분

내가 일어난 시각 ＿＿＿＿＿ 시 ＿＿＿＿＿ 분

🌰 아래 그림을 순서대로 잘 기억해 주세요.
뒷장에 퀴즈가 있습니다.

 10초가 지났어요. 천천히 페이지를 넘겨 보세요.

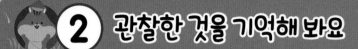
 앞서 관찰한 그림을 순서대로 잘 배열한 것은 어느 것일까요?

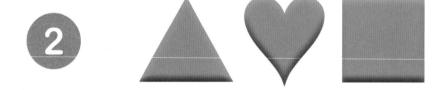

3 낱말의 끝말을 이어 봐요

제시어를 보고 화살표를 따라 끝말잇기를 해 보세요.
순서대로 빈칸을 채워 보세요.

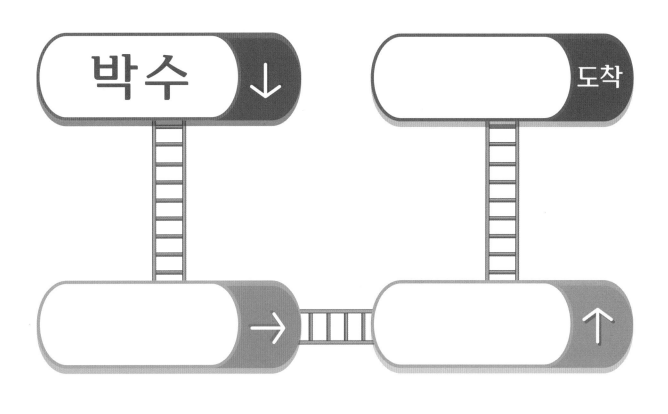

박수 ↓

도착

→

↑

13

낙엽이 쌓인 곳에서 친구와 재밌게 놀고 있어요.
서로 다른 두 곳을 찾아 ○해 보세요.

다른 두 곳의 어느 부분이 어떻게 다른지 말해 봐요.

수를 순서대로 짚어 봐요

🌰 1~12의 수가 있습니다. 큰 수부터 순서대로 빠른 시간 내에 짚어 보세요.

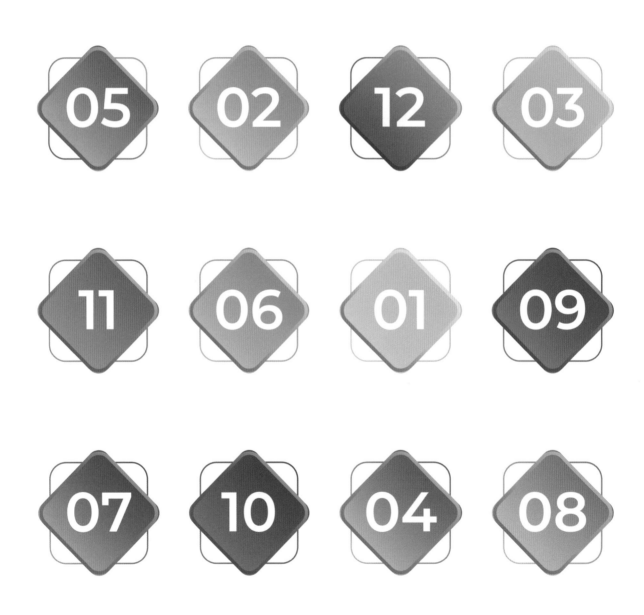

🌰 두 가지 채소 이름의 초성이 있어요. 아래 초성을 보고 채소 이름을 맞게 써 보세요.

7 숨은 그림을 찾아보아요

🌰 마트에 많은 물건들이 진열되어 있어요. 아래 물건과 같은 것을 오른쪽 페이지에서 찾아 ○해 보세요.

🌰🌰 아래와 같은 물건들을 오른쪽 페이지에서 찾아 색이 없는 부분을 똑같이 칠해 봐요.

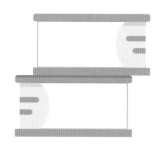

보 기

🌰 보기와 같은 방향으로 회전한 밥솥은 몇 번인가요?

① ② ③ ④

🌰🌰 보기와 같은 방향으로 회전한 도마를 그려 보세요.

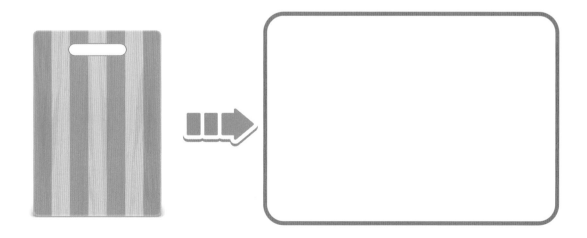

과일이 올라간 예쁜 케이크가 있어요. 다른 케이크 한 개를 찾아 ○해 보세요.

빨간색 과일 이름 두 가지를 말해 봐요.

🌰 제시어를 보고 끝말잇기를 이어 가 보세요. 빈칸을 채워 보세요.

🌰🌰 평소에 마음의 평안을 위해 하고 있는 노력이 있나요?
있다면 무엇인지 말해 봐요.

🌰 여러 종류의 지폐와 동전이 있어요. 모두 얼마인가요?

 🌰 지폐 수가 가장 많은 것은 얼마짜리 지폐인가요?

12 같은 그림을 찾아봐요

같은 그림 찾기

집중력

🌰 다양한 모습의 사람들이 있어요. 같은 사람 두 명을 찾아 ○해 보세요.

🌰 두 가지 동물 이름의 초성이 있어요. 아래 초성을 보고 동물 이름을
맞게 써 보세요.

14 서로 다른 곳을 찾아봐요

🌰 집에서 여유롭게 시간을 보내고 있어요. 서로 다른 두 곳을 찾아 ○해 보세요.

다른 두 곳의 어느 부분이 어떻게 다른지 말해 봐요.

🌰 1~18의 수가 있어요. 없는 수 두 개를 찾아보세요.

01 02 03 04

05 06 07 09

10 11 12 13

14 15 17 18

🍃 두 개의 정답은 홀수인가요? 짝수인가요?

두뇌 휴식을 위한
명언 명상

명언 명상은 자연의 소리와 함께
명언을 들으며 두뇌를 휴식하는 명상입니다.
방안의 불을 켜면 어둠은 자연히 일시에 사라지듯,
명언을 3번 반복해서 듣는 동안 마음은 밝아지고, 편안해집니다.
명상을 하면 뇌파는 알파파, 세타파로 변하여
통찰력, 기억력 등 모든 두뇌의 능력이 향상됩니다.

❀ 명상하기

1

편안한 자세로 척추를 펴고 앉습니다.
허리와 어깨의 긴장을 풀어 봅니다.
앉는 자세가 힘드신 분은 눕거나
기대서도 좋습니다. 누워서 하시는 분은
잠들지 않도록 유의합니다.

2

고개를 앞, 뒤, 좌우로 천천히 돌려
목의 긴장을 풉니다. 눈을 살며시 감고,
눈썹과 눈썹 사이 미간의 긴장을
풀어 봅니다.

3

온몸을 편안하게 이완하는 심호흡을
해 봅니다. 코로 숨을 깊이 들이쉬고,
입으로 숨을 천천히 내쉽니다.
코로 숨을 들이쉴 때는 아랫배가 나오고,
입으로 숨을 내쉴 때는 아랫배가
들어갑니다. 3번 반복합니다.
심호흡 후엔 자연스럽게 호흡합니다.

4

자연의 소리와 함께 명언을 들으며
휴식해 봅니다. 명언을 들을 때
잡념으로 인해 집중되지 않더라도
상관하지 않습니다. 알아차리는 순간,
다시 명언을 듣는 데 집중할 뿐 따로
생각을 없애려 하지 않습니다.

5

명언을 기억하려 노력하지
않아도 됩니다. 3번 반복을
통해 지혜는 밝아지고, 자연히
두뇌가 휴식합니다.

6

처음엔 하루 1개의 명언 명상도 좋습니다.
내가 부담 없이 편안히 할 수 있는
시간부터 조금씩 늘려 갑니다.
한 번에 긴 시간을 불규칙적으로
하기보다 매일 짧은 시간이라도
규칙적으로 하는 것이 더 효과적입니다.

오늘의 명언

복이 있다 해도 다 누리지 말라,

복이 다하면 몸이 빈궁해질 것이요.

권세가 있다 해도 함부로 부리지 말라,

권세가 다하면 원수와 서로 만나느니라.

복이 있거든 항상 스스로 아끼고,

권세가 있거든 항상 스스로 겸손하라.

사람에 있어서 교만과 사치는

처음은 있으나 흔히 나중에는 없는 것이니라.

－《명심보감》성심편(省心篇)

2주

교재와 함께 즐기는
〈탑클래스 두뇌발전소〉 유튜브 두뇌 건강 게임

관찰력과 주의력을 향상시키는
서로 다른 곳 찾기

판단력과 집중력을 높이는
같은 그림 찾기

1 이곳에 어떻게 왔는지 말해 봐요

장소인지력

🌰 저는 오늘 버스를 타고 외출을 나왔어요.

당신은 지금 있는 장소에
어떻게 왔나요?
자세히 말해 봐요.

내가 온 방법 _____

🌰 낱말의 뜻과 색이 일치하는 것을 찾아 ○해 보세요.

빨강   초록

    노랑   파랑

파랑   빨강

            초록

    빨강

초록   초록

    파랑   노랑

 '빨강'이란 낱말은 모두 몇 개인가요?

3 서로 다른 곳을 찾아봐요

🌰 오늘은 빨래하는 날이에요. 서로 다른 두 곳을 찾아 ○해 보세요.

양쪽 그림에서 빨랫줄에 걸려 있는 옷은 모두 몇 개인가요?

낱말의 끝말을 이어 봐요

제시어를 보고 화살표를 따라 끝말잇기를 해 보세요.
순서대로 빈칸을 채워 보세요.

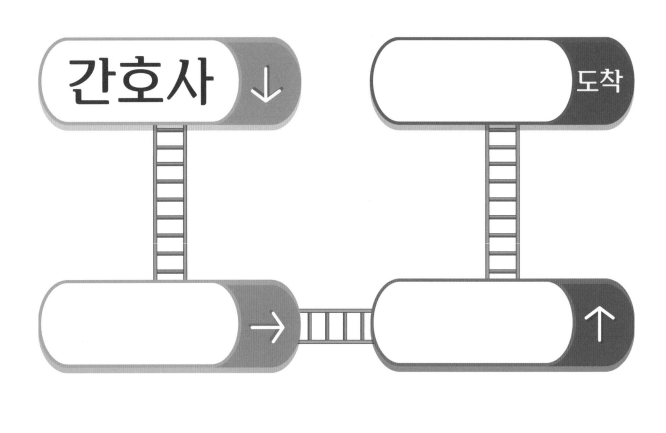

5 수를 순서대로 짚어 봐요

순발력

1~12의 수가 있습니다. 작은 수부터 순서대로 빠른 시간 내에 짚어 보세요.

4	육	1
십	열둘	9
8	11	셋
둘	다섯	7

🌰 다양한 모양의 스탠드가 많이 있어요. 아래 스탠드와 같은 것을 오른쪽 페이지에서 찾아 ○해 보세요.

🌰🌰 숫자 옆의 점들을 작은 수부터 순서대로 이어서 그림을 완성해 보세요.

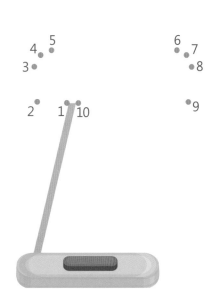

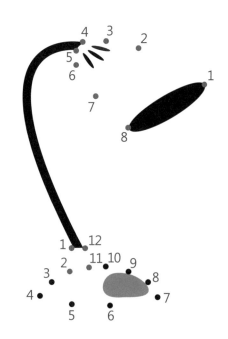

🌰 보기와 같이 질문에 맞는 답을 말해 봐요.

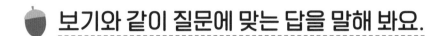

보 기

동물 이름 세 자릿수 낱말 3개를 말해 보세요.

코끼리, 원숭이, 호랑이

1. 꽃 이름 세 자릿수 낱말 3개를 말해 보세요.

2. 채소 이름 세 자릿수 낱말 3개를 말해 보세요.

🌰 **아래 그림을 잘 관찰해 주세요. 뒷장에 퀴즈가 있습니다.**

영수

행운

평안

미나

 40초가 지났어요. 천천히 페이지를 넘겨 보세요.

앞서 관찰한 사람들 중 아래 사람의 이름은 무엇인가요?

?

1 영수   **2** 행운

3 평안   **4** 미나

9 다른 그림을 찾아봐요

집중력

🌰 멋진 금빛 트럼펫이 있어요. 다른 트럼펫 한 개를 찾아 ○해 보세요.

 다룰 줄 아는 악기가 있다면 말해 봐요.

🌰 제시어를 보고 끝말잇기를 이어 가 보세요. 빈칸을 채워 보세요.

감 자 ①

②

③

🌰🌰 감자, 고구마, 당근, 더덕의 공통점은 무엇일까요?

🌰 점선을 따라 순서대로 계산하여 빈칸을 채워 보세요.

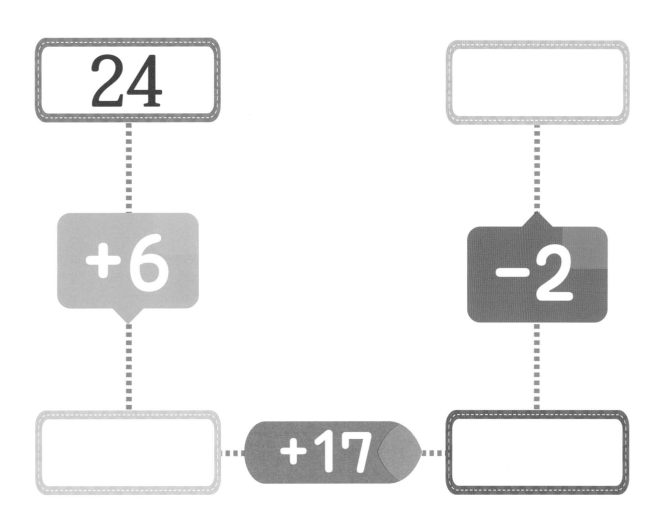

🌰🌰 3개의 정답 중 짝수인 수는 무엇인가요?

12 같은 그림을 찾아봐요

🌰 알록달록 다양한 모양의 헤어드라이기가 많이 있어요.
같은 그림 두 개씩 두 쌍을 짝지어 보세요.

🌰 아래 그림과 순서를 잘 관찰하여 기억해 주세요. 뒷장에 퀴즈가 있습니다.

 40초가 지났어요. 천천히 페이지를 넘겨 보세요.

퀴즈 앞서 관찰한 그림을 순서대로 잘 배열한 것은 어느 것일까요?

🌰 두 가지 과일 이름의 초성이 있어요. 아래 초성을 보고 과일 이름을
맞게 써 보세요.

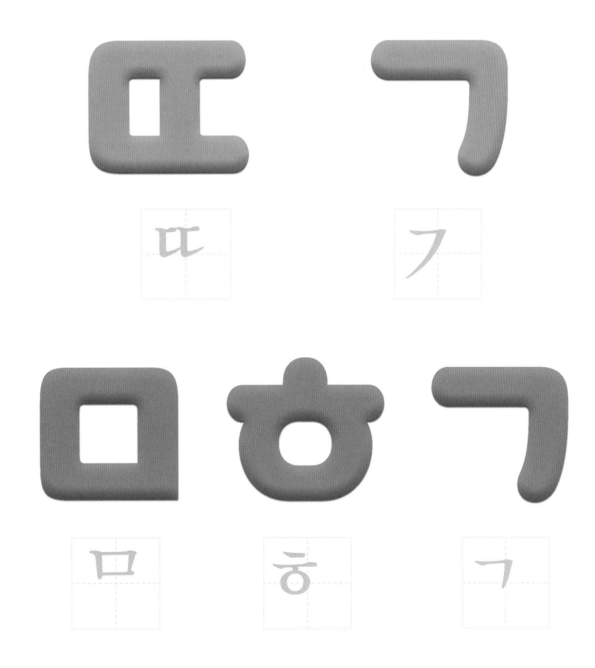

ㄸ   ㄱ

ㅁ   ㅎ   ㄱ

동물 친구들과 함께 가을 산책을 즐기고 있어요. 서로 다른 두 곳을 찾아 ○해 보세요.

그림 속에 있는 두 동물은 어떤 동물인가요?

거짓말로 깨끗하게 치유된 담낭암

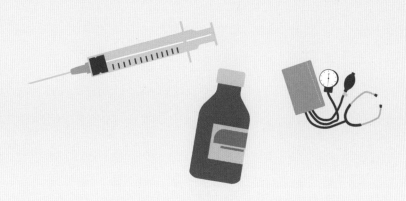

63세의 디 앵겔로 부인은 얼굴이 노래지는 황달 증상이 심해져 병원에 입원했습니다. 병원에서는 담석이 원인으로 수술을 해야 한다고 했습니다.

수술이 시작되어 배를 열어 보니 그녀의 병은 담석이 아니라 담낭암이었습니다. 이미 배 안 전체와 간까지 전이되어 손쓸 수 없는 상태였습니다. 결국 아무런 조치를 하지 못한 채 수술은 끝났고, 의사는 그녀의 딸에게 어머니의 병이 암이라는 사실을 알렸습니다.

그 말을 들은 딸은 절대로 어머니께 이 사실을 알리지 말아 달라고 부탁하며, 어머니가 이 사실을 알게 되면 곧 돌아가실 거라고 말했습니다. 의사는 딸의 청을 듣고, 앵겔로 부인에게는 담석이 있어서 모두 제거했다고 말했습니다.

의사는 부인의 상태를 보아 두 달을 넘기기 어려울 거라 생각했습니다. 그러나 8개월 뒤 부인은 밝고 건강해진 모습으로 다시 병원을 방문했습니다. 암은 흔적도 없이 깨끗이 사라졌으며, 얼굴의 황달기도 전혀 없는 건강한 상태였습니다.

그 후 3년이 지나 건강검진을 받기 위해 병원을 다시 찾은 그녀
는 의사에게 이런 말을 했습니다.

"3년 전 황달 증세를 보이며 입원할 무렵 저는 암에 걸린
게 분명하다고 생각하고 있었어요. 그런데 수술 후 암이
아니라 담석이 있어 제거했다는 말씀에 제가 얼마나 안
심했는지 몰라요. 그 후 저는 다시는 병에 걸리지 않고
건강하게 살기로 다짐했어요."

의사는 그녀의 병을 고친 것이 수술이 아닌 마음이라는 사실에
놀랄 수밖에 없었습니다.

3주

교재와 함께 즐기는
〈탑클래스 두뇌발전소〉 유튜브 두뇌 건강 게임

기억력과 주의집중력을 높이는
기억력 게임

언어력과 기억력을 강화하는
초성 게임

1 계절과 달을 말해 봐요

🌰 **매일 재밌게 두뇌 게임을 하다 보니 시간이 금방 지나가는군요.**

오늘은 몇 월이고
무슨 계절인가요?

달 _____

계절 _____

2 순서대로 기억해 봐요

순서 맞히기

기억력

🌰 아래 숫자와 순서를 잘 관찰하여 기억해 주세요.
뒷장에 퀴즈가 있습니다.

348

 "이요" 20초가 지났어요. 천천히 페이지를 넘겨 보세요.

🔍 **퀴즈** 앞서 관찰한 숫자를 순서대로 잘 배열한 것은 어느 것일까요?

① **843**

② **843**

③ **348**

④ **348**

🌰 제시어를 보고 화살표를 따라 끝말잇기를 해 보세요.
순서대로 빈칸을 채워 보세요.

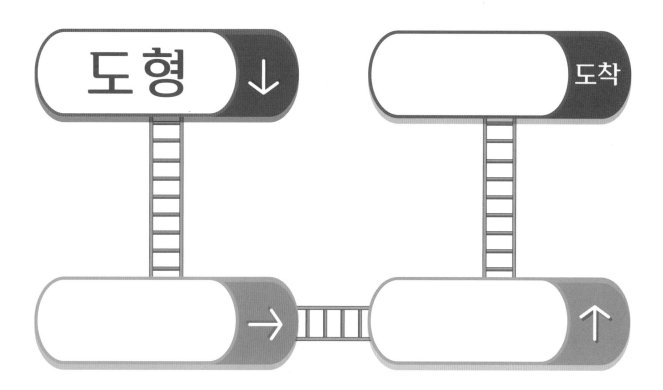

 4 서로 다른 곳을 찾아봐요

 서로 다른 곳 찾기

🌰 보기도 좋고 맛도 좋은 음식들이 차려져 있어요. 서로 다른 두 곳을
찾아 ○해 보세요.

가장 좋아하는 종류의 음식을 말해 봐요.

🌰 1~16의 수가 있습니다. 짝수를 작은 수부터 순서대로 빠른 시간 내에 짚어 보세요.

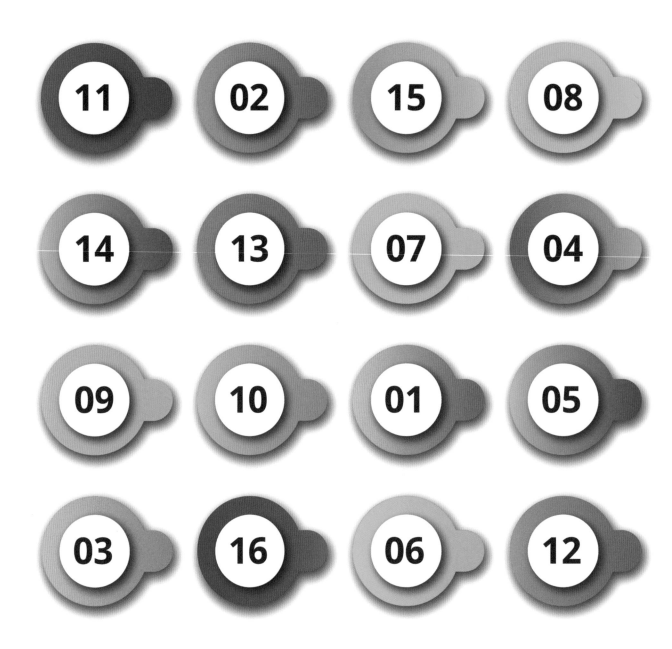

🌰 두 가지 추석과 관련된 낱말의 초성이 있어요. 아래 초성을 보고
추석과 관련된 낱말을 맞게 써 보세요.

🌰 날씨가 좋은 가을날, 많은 사람들이 공원에 놀러 왔어요.
아래 그림들과 같은 것을 오른쪽 페이지에서 찾아 ○해 보세요.

8 회전된 그림을 맞혀 봐요

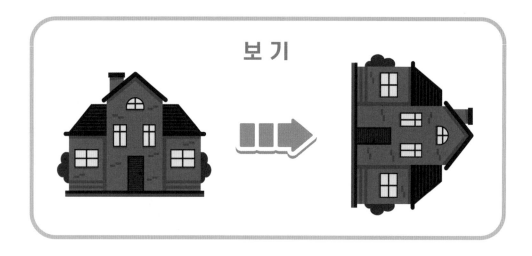

보 기

🌰 보기와 같은 방향으로 회전한 집은 몇 번인가요?

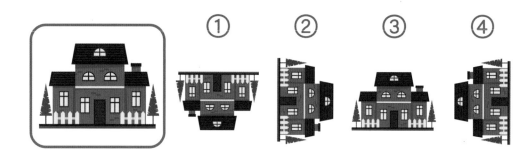

① ② ③ ④

🌰🌰 보기와 같은 방향으로 회전한 집을 그려 보세요.

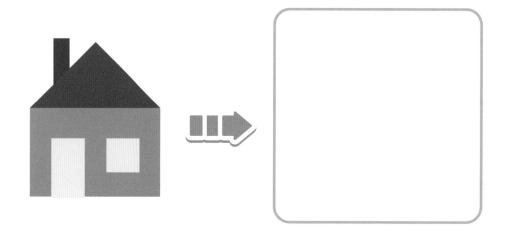

다른 그림을 찾아봐요

🌰 멋진 빨간 권투 글러브가 많이 있어요. 다른 글러브 한 개를 찾아 ○해 보세요.

🍃 요즘 하고 있는 운동이 있다면 말해 봐요.

10 낱말의 끝말을 이어 봐요

언어력

🌰 제시어를 보고 끝말잇기를 이어 가 보세요. 빈칸을 채워 보세요.

🌰🌰 어린 시절 친구들과 했던 놀이 중 내가 가장 좋아했던
놀이를 말해 봐요.

11 시간을 알아봐요

시간 계산 놀이

보 기

50분후

🌰 보기와 같이 50분 후를 가리킨 시계는 몇 번인가요?

① ② ③ ④

🌰🌰 시간을 계산하여 정답을 그려 보세요.

25분전

🌰 반짝반짝 다양한 모양의 돌이 많이 있어요. 같은 그림 두 개씩 두 쌍을 짝지어 보세요.

🌰 두 가지 채소 이름의 초성이 있어요. 아래 초성을 보고 채소 이름을 맞게 써 보세요.

14 서로 다른 곳을 찾아봐요

🌰 곰 친구들이 낙엽을 치우고 있어요. 서로 다른 두 곳을 찾아
○해 보세요.

다른 두 곳의 어느 부분이 어떻게 다른지 말해 봐요.

🌰 51~68의 수가 있어요. 없는 수 두 개를 찾아보세요.

51 52 53 54

56 57 58 59

60 61 62 63

64 66 67 68

🍂 숫자 5가 들어간 수는 모두 몇 개인가요?

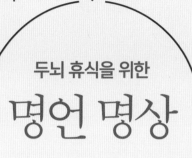

두뇌 휴식을 위한

명언 명상

명언 명상은 자연의 소리와 함께
명언을 들으며 두뇌를 휴식하는 명상입니다.
방안의 불을 켜면 어둠은 자연히 일시에 사라지듯,
명언을 3번 반복해서 듣는 동안 마음은 밝아지고, 편안해집니다.
명상을 하면 뇌파는 알파파, 세타파로 변하여
통찰력, 기억력 등 모든 두뇌의 능력이 향상됩니다.

❀ 명상하기

1

편안한 자세로 척추를 펴고 앉습니다.
허리와 어깨의 긴장을 풀어 봅니다.
앉는 자세가 힘드신 분은 눕거나
기대서도 좋습니다. 누워서 하시는 분은
잠들지 않도록 유의합니다.

2

고개를 앞, 뒤, 좌우로 천천히 돌려
목의 긴장을 풉니다. 눈을 살며시 감고,
눈썹과 눈썹 사이 미간의 긴장을
풀어 봅니다.

3

온몸을 편안하게 이완하는 심호흡을
해 봅니다. 코로 숨을 깊이 들이쉬고,
입으로 숨을 천천히 내쉽니다.
코로 숨을 들이쉴 때는 아랫배가 나오고,
입으로 숨을 내쉴 때는 아랫배가
들어갑니다. 3번 반복합니다.
심호흡 후엔 자연스럽게 호흡합니다.

4

자연의 소리와 함께 명언을 들으며
휴식해 봅니다. 명언을 들을 때
잡념으로 인해 집중되지 않더라도
상관하지 않습니다. 알아차리는 순간,
다시 명언을 듣는 데 집중할 뿐 따로
생각을 없애려 하지 않습니다.

5

명언을 기억하려 노력하지
않아도 됩니다. 3번 반복을
통해 지혜는 밝아지고, 자연히
두뇌가 휴식합니다.

6

처음엔 하루 1개의 명언 명상도 좋습니다.
내가 부담 없이 편안히 할 수 있는
시간부터 조금씩 늘려 갑니다.
한 번에 긴 시간을 불규칙적으로
하기보다 매일 짧은 시간이라도
규칙적으로 하는 것이 더 효과적입니다.

오늘의 명언

중요한 것은 말하는 것이나 희망하는 것,
바라는 것이나 의도하는 것이 아니라
행동하는 것이다.
당신의 선택이 실질적으로
당신이 어떠한 사람인지를 분명히 말해 준다.

– 브라이언 트레이시(Brian Tracy)

4주

교재와 함께 즐기는
〈탑클래스 두뇌발전소〉 유튜브 두뇌 건강 게임

두뇌 건강을 증진하고 인지 능력을
고루 발달시키는
다양한 두뇌게임 모음

짧은 시간 안에 두뇌의 복합적 능력을
향상시키는
다양한 두뇌게임 심화버전 모음

🌰 저는 지금 제 동생 기쁨이와 함께 공원에 가고 있어요.

지금 당신의 옆에 있는 사람은 누구이고 이름이 무엇인지 말해 봐요.

옆에 있는 사람 _____

그 사람 이름 _____

낱말의 색을 바르게 맞춰 봐요

🌰 낱말의 뜻과 색이 일치하는 것을 찾아 ○해 보세요.

노랑   빨강

파랑   파랑

보라   초록

노랑   노랑

빨강   파랑

초록   보라

 파란색 낱말은 모두 몇 개인가요?

3 서로 다른 곳을 찾아보요

🌰 공구함에서 다양한 연장들을 꺼내어 펼쳐 놓었어요. 서로 다른 두 곳을 찾아 ○해 보세요.

두 그림에 있는 가위는 모두 몇 개인가요?

4 낱말의 끝말을 이어 봐요

끝말잇기

언어력

제시어를 보고 화살표를 따라 끝말잇기를 해 보세요.
순서대로 빈칸을 채워 보세요.

5 수를 순서대로 짚어 봐요

숫자 빨리 짚기

🌰 1~12의 수가 있습니다. 큰 수부터 순서대로 빠른 시간 내에 짚어 보세요.

6 숨은 그림을 찾아봐요

🌰 알록달록 다양한 테이프가 많이 있어요. 아래 테이프와 같은 것을 오른쪽 페이지에서 찾아 ○해 보세요.

🌰🌰 아래 그림은 어떤 것의 일부인지 해당하는 물건들을 오른쪽 페이지에서 찾아봐요.

7 두 자릿수 낱말을 맞혀 봐요

 보기와 같이 질문에 맞는 답을 말해 보세요.

보 기

꽃 이름 두 자릿수 낱말 3개를 말해 보세요.

장미, 튤립, 벚꽃

---

1. 동물 이름 두 자릿수 낱말 3개를 말해 보세요.

2. 과일 이름 두 자릿수 낱말 3개를 말해 보세요.

 아래 그림을 잘 관찰해 주세요. 뒷장에 퀴즈가 있습니다.

창고

욕실

침실

거실

주방

 60초가 지났어요. 천천히 페이지를 넘겨 보세요.

 퀴즈 앞서 관찰한 그림 가운데 아래 그림은 몇 번 공간에 있었나요?

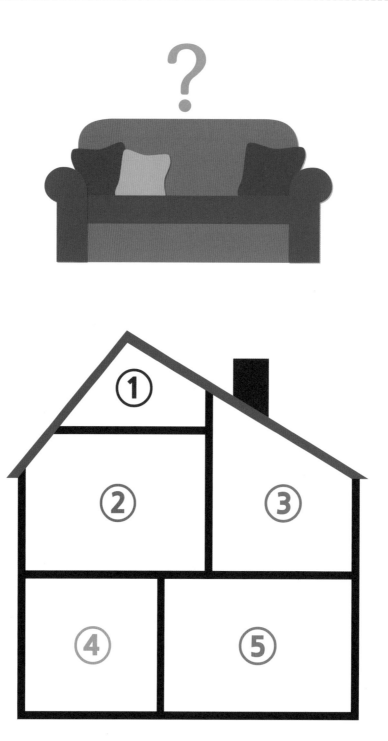

9 다른 그림을 찾아봐요

집중력

🌰 붉은색 예쁜 주전자가 많이 있어요. 다른 주전자 두 개를 찾아 ○해 보세요.

내가 가장 즐겨 마시는 차는 무엇인가요?

제시어를 보고 끝말잇기를 이어 가 보세요. 빈칸을 채워 보세요.

단 정 ①

②

③

남들에게 알려주고 싶은 정리 정돈 방법이 있나요?
있다면 말해 봐요.

🌰 시장에 장을 보러 갔어요. 당근 1개, 옥수수 2개, 대파 1단을 구매했어요. 모두 얼마인가요?

당근
1300원

가지
1000원

옥수수
1100원

대파
3500원

토마토
1500원

12 같은 그림을 찾아봐요

🌰 다양한 맛과 모양의 디저트가 많이 있어요. 같은 그림 두 개씩 두 쌍을 짝지어 보세요.

순서대로 기억해 봐요

순서 맞히기

기억력

🌰 아래 그림과 순서를 잘 관찰하여 기억해 주세요. 뒷장에 퀴즈가 있습니다.

 30초가 지났어요. 천천히 페이지를 넘겨 보세요.

🔍 퀴즈 앞서 관찰한 그림을 순서대로 잘 배열한 것은 어느 것일까요?

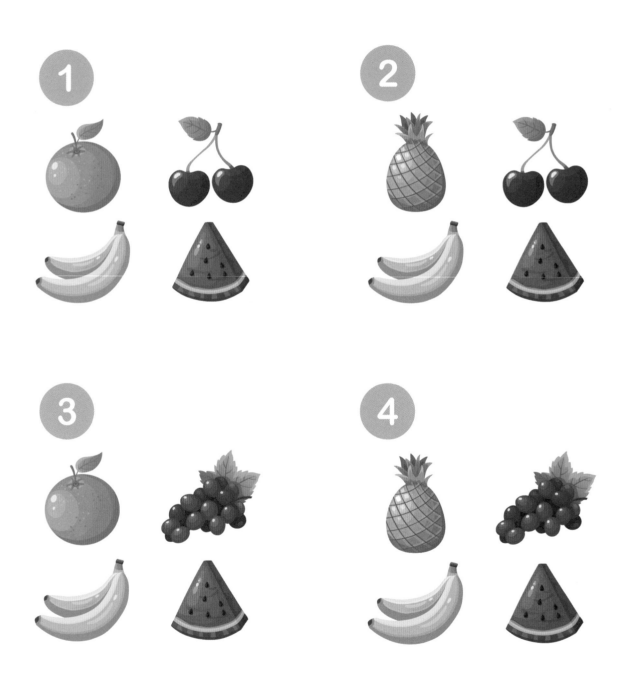

14 초성을 보고 낱말을 맞혀 봐요

🌰 두 가지 동물 이름의 초성이 있어요. 아래 초성을 보고 동물 이름을
맞게 써 보세요.

15 서로 다른 곳을 찾아봐요

🌰 교실 안에 물건들이 많이 있어요. 서로 다른 세 곳을 찾아 ○해 보세요.

그림 속에 있는 서랍은 몇 단인가요?

두뇌 휴식을 위한
명언 명상

명언 명상은 자연의 소리와 함께
명언을 들으며 두뇌를 휴식하는 명상입니다.
방안의 불을 켜면 어둠은 자연히 일시에 사라지듯,
명언을 3번 반복해서 듣는 동안 마음은 밝아지고, 편안해집니다.
명상을 하면 뇌파는 알파파, 세타파로 변하여
통찰력, 기억력 등 모든 두뇌의 능력이 향상됩니다.

🪷 명상하기

1

편안한 자세로 척추를 펴고 앉습니다.
허리와 어깨의 긴장을 풀어 봅니다.
앉는 자세가 힘드신 분은 눕거나
기대서도 좋습니다. 누워서 하시는 분은
잠들지 않도록 유의합니다.

2

고개를 앞, 뒤, 좌우로 천천히 돌려
목의 긴장을 풉니다. 눈을 살며시 감고,
눈썹과 눈썹 사이 미간의 긴장을
풀어 봅니다.

3

온몸을 편안하게 이완하는 심호흡을
해 봅니다. 코로 숨을 깊이 들이쉬고,
입으로 숨을 천천히 내쉽니다.
코로 숨을 들이쉴 때는 아랫배가 나오고,
입으로 숨을 내쉴 때는 아랫배가
들어갑니다. 3번 반복합니다.
심호흡 후엔 자연스럽게 호흡합니다.

4

자연의 소리와 함께 명언을 들으며
휴식해 봅니다. 명언을 들을 때
잡념으로 인해 집중되지 않더라도
상관하지 않습니다. 알아차리는 순간,
다시 명언을 듣는 데 집중할 뿐 따로
생각을 없애려 하지 않습니다.

5

명언을 기억하려 노력하지
않아도 됩니다. 3번 반복을
통해 지혜는 밝아지고, 자연히
두뇌가 휴식합니다.

6

처음엔 하루 1개의 명언 명상도 좋습니다.
내가 부담 없이 편안히 할 수 있는
시간부터 조금씩 늘려 갑니다.
한 번에 긴 시간을 불규칙적으로
하기보다 매일 짧은 시간이라도
규칙적으로 하는 것이 더 효과적입니다.

오늘의 명언

우리가 할 수 있는 최선을 다할 때,

우리 혹은 타인의 삶에

어떤 기적이 나타나는지

아무도 모른다.

– 헬렌 켈러(Helen Keller)

2

3 🌰 수의사 → 사표 → 표범 등

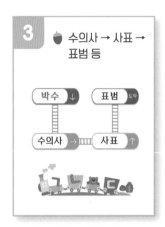

4

6 🌰 당근
고구마

7

8

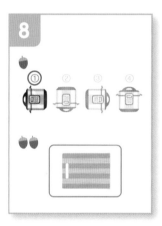

9

🍂 사과, 딸기, 체리 등

10 🌰 ① 안경
② 경운기
③ 기차 등

11 🌰 229,500원

🌰 5만 원권

12

13 🌰 다람쥐
거북이

14

15 🌰 08, 16

01 02 03 04
05 06 07 09
10 11 12 13
14 15 17 18

🍂 짝수

2

빨강 초록
   노랑   파랑
파랑   빨강
   빨강   초록
초록   초록
   파랑   노랑

🚩 3개

3

🌰🌰 4개

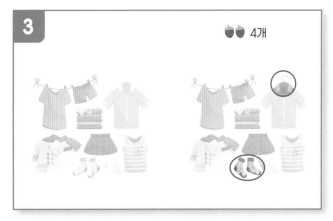

4

🌰 사위 → 위장약
→ 약국 등

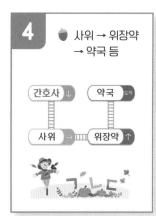

6

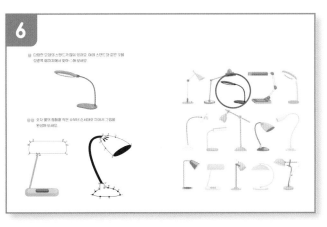

7

1. 개나리, 진달래,
수선화 등

2. 애호박, 시금치,
양배추 등

8

㉮ 영수   ㉯ 행운
③ **평안**   ㉱ 미나

9

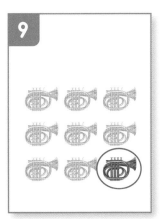

10

🌰 ① 자유
② 유치원
③ 원인 등

감 ¹자
②유 치 원
인

🌰🌰 뿌리채소

11

🌰 30, 47, 45

24		45
+6		-2
30	+17	47

🌰🌰 30

12

13

14

🌰 딸기
무화과

ㄸ ㄱ
딸   기

ㅁ ㅎ ㄱ
무   화   과

15

🌰🌰 고슴도치, 다람쥐

2

843
843
348
④ **348**

3

🌰 형제 → 제습기 →
기구 등

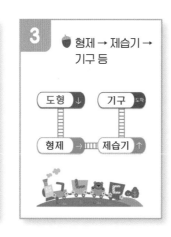

4

6

🌰 송편
한가위

ㅅㅍ
송 편
ㅎㄱㅇ
한 가 위

7

8

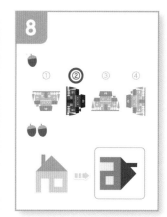

9

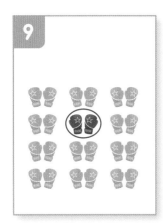

10

🌰 ① 소식
② 식용유
③ 유행 등

11

12

13

🌰 양배추
표고버섯

ㅇㅂㅊ
양 배 추
ㅍㄱㅂㅅ
표 고 버 섯

14

15

🌰 55, 65

51 52 53 54
56 57 58 59
60 61 62 63
64 66 67 68

🍁 8개

2

노랑 (빨강)
　파랑 (파랑)
(보라) 초록
　　　　노랑
빨강 파랑
(초록) 보라

🚩 3개

3

🌰🌰 2개

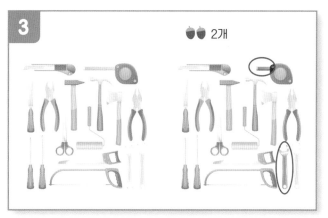

4

🌰 방학 → 학부모
　　→ 모자 등

6

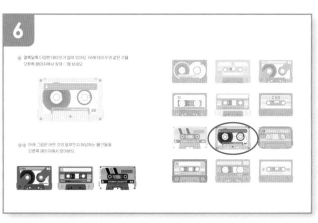

7

1. 사자, 토끼, 하마 등

2. 사과, 수박, 포도 등

8

9

10

🌰 ① 정신
　② 신호등
　③ 등산 등

11

1300원 + 2200원 + 3500원
= 7000원

12

13

14

🌰 하마
　얼룩말

하 마

얼 룩 말

15

🌰🌰 4단

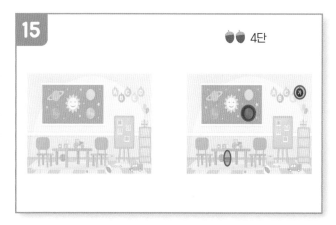

참고 자료

<가장 쉬운 탑클래스 치매예방 첫걸음 1, 2> 탑클래스 두뇌발전소 지음, 동양북스, 2022
<뇌내혁명> 하루야마 시게오 지음, 오시연 번역, 중앙생활사, 2020
<당신이 플라시보다> 조 디스펜자 지음, 추미란 번역, 샨티, 2016
<스트레스의 힘> 켈리 맥고니걸 지음, 신예경 번역, 21세기북스, 2015
<왓칭> 김상운 지음, 정신세계사, 2011
<늙는다는 착각> 엘렌 랭어 지음, 변용란 번역, 유노북스, 2022
<미라클> 이송미 지음, 비타북스, 2020
<마음의 기적> 디팩 초프라 지음, 도솔 옮김, 황금부엉이, 2018
<치매예방을 위한 두뇌성형> 권준우 지음, 푸른향기, 2020
<유대인 생각 사전> 김영환 지음, 행;북, 2018
<인디언의 지혜와 잠언> 다봄편집부 지음, 다봄, 2020
<명언의 탄생> 김옥림 지음, 팬덤북스, 2014
<고전명언 마음수업> 임성훈 지음, 스노우폭스북스, 2021
<명언으로 읽는 100명의 인생철학> 김옥림 지음, 창작시대사, 2022
<아들에게 전해주는 인생 명언 365+1> 윤태진 지음, 다연, 2022
<바로보인 도가귀감> 서산대사 지음, 농선 대원선사 번역, 문젠, 2017
<바로보인 유가귀감> 서산대사 지음, 농선 대원선사 번역, 문젠, 2017

https://blog.naver.com/kms7806/222606390582
https://www.onday.or.kr/wp/?cat=3 (따뜻한 하루 감성편지)
https://blog.naver.com/utimegps/70008004901
https://blog.naver.com/stellamaria8/222460349493

인지건강을 위한 두뇌 훈련_ 가을편 3

초판 인쇄 | 2024년 8월 14일
초판 발행 | 2024년 8월 23일
지은이 | 탑클래스 두뇌발전소·대한치매협회
발행인 | 김태웅
기획 | 김귀찬
편집 | 유난영
디자인 | 디자인플러그
마케팅 | 나재승
제작 | 현대순
발행처 | (주)동양북스
등 록 | 제 2014-000055호
주 소 | 서울시 마포구 동교로22길 14 (04030)
구입 문의 | 전화 (02)337-1737 팩스 (02)334-6624
내용 문의 | 전화 (02)337-1763 이메일 dybooks2@gmail.com

ISBN 979-11-7210-067-4 (03690)